BEI GRIN MACHT SICH IHR WISSEN BEZAHLT

- Wir veröffentlichen Ihre Hausarbeit, Bachelor- und Masterarbeit

- Ihr eigenes eBook und Buch - weltweit in allen wichtigen Shops

- Verdienen Sie an jedem Verkauf

Jetzt bei www.GRIN.com hochladen und kostenlos publizieren

Bibliografische Information der Deutschen Nationalbibliothek:

Die Deutsche Bibliothek verzeichnet diese Publikation in der Deutschen Nationalbibliografie; detaillierte bibliografische Daten sind im Internet über http://dnb.d-nb.de/ abrufbar.

Dieses Werk sowie alle darin enthaltenen einzelnen Beiträge und Abbildungen sind urheberrechtlich geschützt. Jede Verwertung, die nicht ausdrücklich vom Urheberrechtsschutz zugelassen ist, bedarf der vorherigen Zustimmung des Verlages. Das gilt insbesondere für Vervielfältigungen, Bearbeitungen, Übersetzungen, Mikroverfilmungen, Auswertungen durch Datenbanken und für die Einspeicherung und Verarbeitung in elektronische Systeme. Alle Rechte, auch die des auszugsweisen Nachdrucks, der fotomechanischen Wiedergabe (einschließlich Mikrokopie) sowie der Auswertung durch Datenbanken oder ähnliche Einrichtungen, vorbehalten.

Impressum:

Copyright © 2017 GRIN Verlag
Druck und Bindung: Books on Demand GmbH, Norderstedt Germany
ISBN: 9783668639713

Dieses Buch bei GRIN:

https://www.grin.com/document/412951

Elisabeth Monika Hartmann

Naturlyrik. Eine Sachanalyse und Didaktikanalyse. "Mailied" von Goethe, "Nachtzauber" von Eichendorff, "Komm in den totgesagten park und schau" von George

GRIN - Your knowledge has value

Der GRIN Verlag publiziert seit 1998 wissenschaftliche Arbeiten von Studenten, Hochschullehrern und anderen Akademikern als eBook und gedrucktes Buch. Die Verlagswebsite www.grin.com ist die ideale Plattform zur Veröffentlichung von Hausarbeiten, Abschlussarbeiten, wissenschaftlichen Aufsätzen, Dissertationen und Fachbüchern.

Besuchen Sie uns im Internet:

http://www.grin.com/

http://www.facebook.com/grincom

http://www.twitter.com/grin_com

Inhaltsverzeichnis

1 Sachanalyse..2
  1.1 Unterrichtssequenz: Gedichtanalysen...2
    1.1.1 Mailied (Johann Wolfgang von Goethe)...2
    1.1.2 Nachtzauber (Joseph von Eichendorff)...4
    1.1.3 „Komm in den totgesagten park und schau:" (Stefan George)........................5
  1.2 Gedichtvergleich...7
2 Legitimation und Didaktikanalyse..7
3 Bibliografie...10

1 Sachanalyse
1.1 Unterrichtssequenz: Gedichtanalysen
1.1.1 Mailied (Johann Wolfgang von Goethe)

Das 1771 entstandene Gedicht „Mailied" gehört zur Erlebnislyrik des jungen Goethe. Diese Zeit ist stark von einer Gefühlsintensität geprägt, da Goethe auf der Suche nach dem Ursprünglichen beziehungsweise Volkstümlichen in der Dichtung war und Emotionen die Rationalität unterdrückt haben. Diese Emotionalität wird durch die vielen Ausrufezeichen verstärkt.
Bei der Analyse des „Mailieds" stellt sich die Frage nach der formalen Einheit. Das Gedicht ist in zweihebigen Kurzzeilen geschrieben und wirkt auf den Leser deshalb etwas stürmisch und atemlos. Das lyrische Ich scheint hier voller Enthusiasmus zu stecken und gibt seine Freude dem Leser kund. Die Alternation von Hebung und Senkung bildet eine gewisse Kontinuität und Regelmäßigkeit. Der Parallelismus und die Anapher als Wiederholung des Versanfangs verstärken die Kontinuität und steigern zugleich ebenso den Augenblick. Durch den Daktylus – einem Hintereinander einer schweren und zwei leichten Silben – gewinnt das Gedicht jedoch auch wieder an Unregelmäßigkeit und ein subjektiver Eindruck wird erweckt. Es gibt eine Unausgewogenheit beziehungsweise Bewegung, aber zugleich auch eine Ordnung. Bei dem Ausruf „*Mir die Natur!*"[1] ist alles immer betont und man kann diesen als einzigen Vers betrachten, der auftaktlos ist. Hier kommt das Gefühl des „In-der-Welt-Seins" auf („*die volle Welt*"[2]) als aufklärerisches Denken und kalkulierte Unmittelbarkeit. Der zuweilen unregelmäßige Kreuzreim, der keine Kontinuität bildet, ist von Goethe bedacht und bewusst eingesetzt worden.
In diesem Gedicht der Emotion wird ein Kosmos aufgebaut, der sich organisch über die Strophen eins bis vier erstreckt. Das Wörtchen „*dringen*"[3] erhält eine Sinnaufgabe für mehrere Strophen. Auch die Strophen sind keine feste gegeneinander abgegrenzten Einheiten; die meisten öffnen sich zur jeweils folgenden Zeile als sogenannten Zeilensprung oder Enjambement. Dies zeigt den Schaffensrausch des lyrischen Ichs, als ob es mündlich mitgeteilt werde. Der Grundrhythmus soll aufgehoben werden, da der Satz über das Versende hinaus in den nächsten Vers hinein läuft. Auch die Satzstruktur wird zerstört und die Sprache löst sich auf, wobei eine Grenze zu sehen ist. Die Volksliedstrophe des „Mailied" ist holprig und nicht ganz regelmäßig.

Das Thema des Gefühls und der Empfindung der Liebe ist aus individualpsychologischer Sicht elementar und geht uns Lebewesen an. Man stellt sich beim Lesen die Frage, ob das „Mailied" wohl im Kontext einer Liebesbeziehung Goethes entstanden ist. Wahrscheinlich muss man diese These kritisch betrachten – genauso wie die Ansicht, dass es sich hierbei um einen „Musenkuss" handelt. Der Leser muss sich allerdings von dem biografischen Kreis wegbegeben und das Gedicht als autonomes Kunstwerk betrachten. Natürlich könnte man bei dem Vers „*auf jenen Höhn*"[4] als Raum die Assoziation zum Olymp – einem lichtüberfluteten Berg der Götter bei den Griechen – bekommen, da dies wie ein Schwebezustand auf den Leser wirkt. Goethe verunsichert jedoch den Leser. Man fragt sich: Auf was bezieht er sich denn? - Auf die „*Morgenwolken*"[5] als Vergleiche mit der Liebe, die „*So golden schön*"[6] sind und eine kosmische Kraft, das Unsichtbare, eine Entrealisierung und ungebrochene Einheit bilden.
Im vorliegenden Gedicht findet eine religiöse Überhöhung der Liebe statt: „*Du segnest herrlich*"[7] und jeder Zustand, ja, jeder Augenblick ist von einem unendlichen Wert, denn er ist Repräsentant einer ganzen heiligen Ewigkeit eines Naturerlebnisses beziehungsweise einer Erfahrung des lyrischen Ich. Es ist von der Liebe im Allgemeinen die Rede – also kein traditionelles Liebesgedicht im engeren Sinne, da keine konkrete Frau angesprochen – genauer gesagt – ein Mädchen ohne

---

[1] Goethe, Johann Wolfgang: Goethes Sämtliche Werke. Gedichte. Erster Band. Jubiläumsausgabe. Mit Einleitung und Anmerkungen von Eduard von der Hellen. J. G. Cotta'sche Buchhandlung Nachfolger. Stuttgart und Berlin, S. 46, V. 2.
[2] Goethe, S. 47, V. 20.
[3] S. 47, V. 5.
[4] Ebd., V. 16.
[5] V. 15.
[6] V. 14.
[7] V. 17.

Namen genannt wird, der die Liebe gelten soll („*O Lieb', o Liebe!*"[8]). Dieser Ausruf ist eine Anapher oder Aufzählung.
„*Wie blinkt dein Auge*"[9] heißt es daraufhin: Voll innerer Kraft sind die Augen als Medien, die den Gegenstand fassen, ihn ergreifen, nicht bloß beleuchten. Augen sind voller Schöpfungskraft und zentraler Gegenstand Goethes Naturforschung. Manchmal bestehen bei Goethe auch Bezüge zu dem „Auge Gottes" und dem Auge als „Spiegel der Seele".
Nachdem das Mädchen, das im Prinzip das Ewig-Weibliche als Idee oder Urbild symbolisiert, angesprochen wurde, ist die Rede von einem Tier: „*So liebt die Lerche*"[10], was wiederum allgemein gehalten ist. Dann kommt wieder die Feststellung des lyrischen Ich - „*Wie ich dich liebe*"[11]. Es handelt sich also um eine Wechselwirkung. Der Leser ist verwirrt und fragt sich, ob es nun die Liebe zu Natur, einem Mädchen oder dem Weiblichen allgemein ist. Es ist die göttliche Liebe in der Natur. Es geht demnach nicht um ein „Du". Am Ende scheint die Sprache in das Anakreontische abzufallen („*Zu neuen Liedern und Tänzen gibst!*"[12]).
Man muss jedoch bemerken, dass die Liebe nicht unbedingt erwidert und die sexuelle Konnotation („*dringen*"[13]) der Libido nicht unbedingt ausgelebt werden muss. Dies wäre bei einer platonischen Liebe der Fall. Dabei besteht das Bestreben des Liebenden vom Besonderen zum Allgemeinen.

Die Natur leuchtet im „Mailied" für den Menschen und zeugt von einem aufklärerischen Antrieb: „*Wie herrlich leuchtet mir die Natur!*"[14]. Die Wahrnehmung der Natur erfolgt durch das selbstständige Subjekt. Die Sonne („*Wie glänzt die Sonne*"[15]) als Symbol des Göttlichen wird bei Goethe etwas anders betrachtet. Er selbst wehrte sich gegen die Annahme eines Gottes, der von außen, wie ein „Uhrmacher" über allem stehen würde. Wichtig war für ihn die göttliche Kraft, die von innen aus dem Menschen herausströmt. Es kommt zu einer Sensation bei dem Anblick der Sonne. Der Begriff „*Flur*" hat beinahe schon die Bedeutung des Anorganischen, denn selbst eine Landschaft in ihrer Gesamtheit mit Gesteinen, Bergen etc. kann lachen („*Wie lacht die Flur!*"[16]).
Natur, Sonne, Pflanzen („*Es dringen Blüten aus jedem Zweig*"[17]), Stimmen („*Und tausend Stimmen aus dem Gesträuch*"[18]) und der Mensch am Ende bilden eine klimaxartige Steigerung in diesem Gedicht. Die Natur entfaltet sich und es kommt zu einem Übergang von der „Flur" und dem „*Blütendampfe*"[19] als lexikalischer Neologismus beziehungsweise Wortneuschöpfung über den des Animalischen („Stimmen") zu dem vielleicht auch Menschlichen („*Und Freud und Wonne aus jeder Brust*"[20]). Man kann diese Entwicklung auch als Prozess einer Metamorphose als Grundgesetz des Werdens und Seins oder der Verwandlung ansehen. Die Erde atmet ein und aus, wie ein eigener Körper.
Es kommt zu einer Kombination aus Farben und Klang, das heißt Onomatopoesie als Laut-/Klangmalerei, die wie eine synästhetische Droge wirkt („*Gesang und Luft und Morgenblumen den Himmelsduft*"[21]).

Insgesamt kann man feststellen, dass gerade der spinozistische Pantheismus sich im 18. Jahrhundert zu einer machtvollen Geistesströmung entwickelte, die dem säkularen Wirklichkeitsverständnis Goethes und seiner Zeitgenossen entgegenkam. Sehr deutlich werden in diesem Frühwerk Goethes die Elemente pantheistischen Denkens, die sich in Form einer gefühls- und stimmungsbetonten Selbsterfahrung des Individuums, den Menschen in seiner leib-seelischen Ganzheit ergreifenden

---

[8] V. 13.
[9] V. 23.
[10] V. 25.
[11] V. 29.
[12] S. 48, V. 33f.
[13] S.o.
[14] S. 46, V. 1f.
[15] Ebd., V. 3.
[16] V. 4.
[17] S. 47, V. 5f.
[18] Ebd., V. 7f.
[19] V. 19.
[20] V. 9f.
[21] V. 26f.

Natur- und Weltfrömmigkeit oder eines Erkenntnisstrebens manifestieren. Die ewige Glückseligkeit bildet das Ziel des Menschen auf Erden: „*Sei ewig glücklich*".[22]

1.1.2 Nachtzauber (Joseph von Eichendorff)

Das vorliegende Gedicht ist 1853 entstanden und thematisiert die romantische „Unendlichkeit" der Natur, die in „Träumen und Phantasien"[23] erfahren wird.
Auf formaler Ebene ist zu bemerken, dass Dichtung, Malerei und Musik in der Romantik ein „Ganzes"[24] beziehungsweise Gesamtkunstwerk bilden. Eine eindeutige Klarheit mit Regeln (Kreuzreim oder Paarreim) wird hier vermieden.

Einerseits besteht die „(Todes-)sehnsucht", sich in der Natur aufzulösen (Eros und Thanatos), andererseits im eigenen „Inneren"[25] aufzugehen. Gerade die Nacht ist die Zeitspanne, in der der Tod oftmals den Menschen heimsucht.

Gleich zu Beginn des Gedichts kommt es zu einem synästhetischen Feuerwerk aus Akustischem und Räumlichen: „*Hörst du nicht die Quellen gehen*"[26]. Ist in der Beschreibung dieses „*locus amoenus*"[27] ein Widerspruch vorhanden? Quellen fließen eigentlich nicht wie ein Fluss und bewegen sich auch nicht fort am Boden. Es handelt sich um keinen Fluss, der sich „zwischen" zwei Enden schlängelt (Quelle und See). Im darauffolgenden Vers „*Zwischen Stein und Blumen weit*"[28], der ebenfalls wie der erste ein Enjambement (Pausen vor „gehen" und „weit") aufweist, ist die oppositionelle Rede von Organischem (Blume als wachsendes Lebewesen) und Anorganischem (fester Stein). Das lyrische Ich scheint im Leser den Neugier zu wecken und treibt unermüdlich die Beschreibung voran. Wohin soll der Weg gehen? Die „*Waldseen*"[29] deuten auf eine Reise ins Unbewusste und zwar in eine künstliche, parkähnliche beziehungsweise artifizielle Welt, „*wo die Marmorstatuen stehen*"[30]. „Gehen" und „stehen" können somit wieder als Gegensatz betrachtet werden. Zweiteres ist in der Satzstellung in den vorletzten Vers vorweggenommen. Wer „*steigt von den Bergen sacht hernieder*"[31]? Es ist „die wunderbare Nacht"[32], die das lyrische Ich auf eine Art „Metaebene" bringt und Erinnerungen weckt. Durch das Partizip Präsens wird die Unmittelbarkeit dieses Vorgangs noch verdeutlicht. Der Leser nimmt wahrlich schon daran teil. Eichendorff arbeitet hier dezidiert mit Personifikationen und Oppositionen. Jetzt wird klar, dass alles eine mentale Repräsentation oder ein Traum ist: „*Wie du's oft im Traum gedacht*"[33]. Die Realität sieht im Traum jedoch anders aus: glänzend und nicht matt.

---

[22] S. 48, V. 35.
[23] Wucherpfennig, Wolf: Geschichte der deutschen Literatur. Von den Anfängen bis zur Gegenwart. Ernst Klett Schulbuchverlag. Leipzig 2009, S. 132f.
[24] Wucherpfennig 2009, S. 133.
[25] Ebd., S. 133.
[26] Eichendorff, Josef von: Gesammelte Werke. Der Gedichte erster Band, hrsg. v. Paul Ernst. Georg Müller. München und Leipzig 1909, S. 303, V. 1.
[27] Topos der Ideallandschaft oder „Lustort". Durch die Jahrhunderte hindurch wurde dasselbe Ensemble von Baum, Wiese, Quell, Vogelsang u. ä. formelhaft reproduziert, und die noch oft stereotypen Landschaftsschilderungen in den Gedichten Eichendorffs und Brentanos können als Nachklang dieser Tradition angesehen werden. (Burdorf, Dieter: Einführung in die Gedichtanalyse. Verlag J. B. Metzler. Stuttgart/ Weimar 1997., S. 142).
[28] Eichendorff 1909, S. 303, V. 2.
[29] Ebd., V. 3.
[30] Ebd., V.4.
[31] Ebd., V. 6ff.
[32] Ebd., V. 8.
[33] Ebd., V. 10.

Es wird eine rhetorische Frage seitens des lyrischen Ich an den Leser gestellt: „*Kennst die Blume du, entsprossen in dem mondbeglänzten Grund?*"[34]. Der Mond ist im Prinzip das Pendant zur strahlenden Sonne im „Mailied". Die Blume wird personifiziert und steht für ein weibliches Wesen. Nach „entsprossen" beschleunigt das Enjambement den Eifer des lyrischen Ich, das Bild, das es vor sich hat „festzuhalten". Das Gefühl des Einsseins und des Verschmelzens wird sehr deutlich bei dem erotischen Erlebnis des lyrischen Ich als Künstler in der Waldeinsamkeit: „*Aus der Knospe, halb erschlossen, junge Glieder blühend sprossen, weisse Arme, roter Mund*"[35]. Diese Vision des innerlich zerrissenen Künstlers mit einer „religiösen" Konnotation („göttliche Liebe"[36]) hat sowohl einen Wahrheits- als auch Wirklichkeitsanspruch. Durch das Partizip Präsens „blühend" und die Aufzählung wird eine Art Unmittelbarkeit, Präsenz und Teilhabe des lyrischen Ich am „Nachtzauber" geschaffen. Hier wird deutlich, dass sich gerade die Romantik wieder auf das mittelalterliche Schönheitsideal zurückbesinnt. Diese Schönheit ist einer Metamorphose unterzogen, wie es Goethe nennen würde.

Die Nachtigall weckt die Erinnerung an Vergangenes („*von versunkenen schönen Tagen*"[37]) und ein unsichtbarer Taktstock wird bewegt: „*Und die Nachtigallen schlagen, und rings hebt es an zu klagen*"[38]. Der Liebeskummer ist nicht zu überhören und äußert sich verbal durch Seufzer wie „*ach*"[39] und das Flehen des lyrischen Ich am Schluss mit dem Imperativ doch zum stillen Grund zu kommen. Das Wörtchen „*kommen*"[40] wird wiederholt und durch „*o*"[41] verstärkt.

1.1.3 „Komm in den totgesagten park und schau:" (Stefan George)

Stefan George gilt als Vertreter des Ästhetizismus (1890-1910) innerhalb der Literarischen Moderne. Die Moderne, die etwas Neuartiges oder Derzeitiges/Gegenwärtiges/Aktuelles bezeichnet, beginnt im Allgemeinen mit der naturalistischen Bewegung. Es gilt, die Regelpoetik seit dem Sturm und Drang (Aufklärung), auf den man sich gerade im Naturalismus bezieht, zu überwinden. Damit ist die Abgrenzung von der Antike gemeint. Richtig ausformuliert wurde dies schon in der Romantik. Unter Moderne wird auch die Abgrenzung von der Industrialisierung verstanden, denn damit soll die Literatur nichts zu tun haben.
Der Naturalismus ist also die erste Periode (1880) der Moderne. Die Naturalisten bezeichneten sich selber als „modern". Es soll eine Überführung von Kunst (auch bildender Kunst) in die Lebenspraxis (soziale Realität) stattfinden. Observation, Dokumentation und Deskription hieß die Devise im Naturalismus. Die Fotografie ist das Medium, das den Moment/ Augenblick aufnimmt.

Auch antinaturalistische Strömungen kommen in der Zeit auf, bei denen Bilder der äußeren Welt unwichtig werden. Dafür wird die Seele des Menschen wichtig (Psychoanalyse). Die Literatur und Kunst des Ästhetizimus bezieht sich auf sich selbst (Selbstreferenzialität und Selbstreflexivität). Die Kunst ist dabei autonom und zweckfrei (*l'art pour l'art*), das heißt, sie hat nichts Utilitaristisches mehr an sich. Ästhetizistische Strömungen sind zum Beispiel der Symbolismus (Wörter sind auf andere Wörter bezogen), die *Décadence* und das *Fin de siècle* (Stilpluralismus bei der Literatur der Jahrhundertwende). Der Autorinstanz wird dabei eine neue Souveränität zugesprochen. Der Dichter wird zu einer Art „Seher". Genau dies ist bei Stefan George der Fall. In dem Gedicht „*Komm in den totgesagten park und schau:*" (1897) kommt es zu einer Abgrenzung von der gesellschaftlichen Moderne und es wird eine Gegenwelt zur Gesellschaft aufgebaut. Schon in der Romantik wurde dafür plädiert, dass die Kunst eine Art Religion oder Mythologie sei. Die Literatur wird als Entwurf einer Gegenwelt angesehen. Das Hässliche der Gegenwart wird ausgeschlossen und trotzdem

---

[34] Ebd., V. 11ff.
[35] Ebd., V. 13ff.
[36] Wucherpfennig 2009, S. 133.
[37] Eichendorff 1909, S. 303, V. 19.
[38] Ebd., V. 16f.
[39] Ebd., V. 18.
[40] Ebd., V. 20.
[41] Ebd.

nimmt man wieder Bezug darauf. In Absetzung zum Naturalismus hat die Kunst mit der Kunst zu tun und nicht mit dem Leben. Alles ist düster und leblos und ähnelt einem künstlichen Paradies. Dieses Gedicht ist stark von dem schon genannten Dekadenzmotiv geprägt („*totgesagten*"[42], „*welkten*"[43], „*was übrig blieb*"[44], „*Verwinde leicht im herbstlichen Gesicht*"[45]). Zusätzlich kommt es auch zu einer Subjektproblematik: Man besinnt sich auf das Individuum zurück und orientiert sich am Psychologischen (Sigmund Freud). Wichtigste Erkenntnis der Moderne ist, dass das Ich in dieser Welt nicht zu retten ist. Gerade die subjektive Impression spielt in diesem Gedicht eine bedeutende Rolle – genauso wie die Reduktion der Beschreibung auf das Detail. Damit ist das Beobachten der eigenen Wahrnehmungen und Empfindungen gemeint. Unbewusste Züge der Psyche werden von Vertretern der Gegenposition zum Naturalismus von innen, in der unmittelbaren Widergabe der Gefühle, oder auch in Bildern und Stimmungen, welche die innere Gestimmtheit der erlebenden Person spiegeln, beschrieben.

Mit dem Imperativ „*Komm*" im ersten Vers lädt das lyrische Ich den Leser zum Aufbruch in eine innere Welt, in der eine phantastische Schönheit und gefährlich verdrängte Gefühle oder eben ein fragloses, reines Dasein gesucht werden. An allen intensiven und unmittelbaren Erlebnissen soll der Leser in diesem Gedicht teilhaben. Wenn der Weg nach innen besonders ins Auge fällt, spricht man auch von „Neuromantik"[46]. Alleine schon die Begriffe „*park*"[47] und „*weiher*"[48] erinnern ein wenig an den Jugendstil – eine künstlerische Epoche. Innere und äußere Welt innerhalb dieses Gefühlsraumes können im vorliegenden Gedicht nicht mehr eindeutig voneinander unterschieden werden.

Auffallend ist die konsequente Kleinschreibung von Substantiven. Nur die Satzanfänge sind großgeschrieben. George scheint also eine eigene Rechtschreibung und Interpunktion samt stark stilisiertem Druck zu verwenden. Hinzu kommt bei ihm die Ersetzung des ß durch ss (wie im Schweizerischen. „*küsse*"[49], „*Vergiss*"[50])[51] sowie des Kommas durch einen halbhohen Punkt bei Aufzählungen: „*Dort nimmt das tiefe gelb. das weiche grau*"[52].

Stefan George hat das Bauende in seinem wuchtigen, blockartig gesetzten Gedicht hier zum Prinzip erhoben: Drei Strophen nach dem Muster abab (Kreuzreim), aabb (Paarreim) und abba (umarmender Reim). Er stellt den Elfsilber (Endecasillabo) hier zu vierzeiligen Reimstrophen zusammen.

Die Natur wird hier an zwei Stellen personifiziert: „*Der Schimmer ferner lächelnder gestade*"[53] am Anfang und am Ende mit „*herbstlichen gesicht*"[54]. Deutlich werden der Niedergang und der Wechsel der Jahreszeiten über den Herbst zum Winter. Das Feuerwerk aus Farben („*blau*"[55],

---

[42] George, Stefan: Gedichte. Auswahl und Vorwort von Ernst Klett Cotta's Bibliothek der Moderne. Ernst Klett. Stuttgart 1983, S. 22, V. 1.
[43] Ebd., V. 7.
[44] Ebd., V. 11.
[45] Ebd., V. 12.
[46] Wucherpfennig 2009, S. 194.
[47] Ebd., V. 1.
[48] Ebd., V. 4.
[49] George 1983, S. 22, V. 8.
[50] Ebd., V. 9.
[51] Nach der neuen Rechtschreibung jedoch richtig.
[52] George 1983, S. 22, V. 5.
[53] Ebd., V. 2.
[54] Ebd., V. 12.
[55] Ebd., V. 3.

„*bunt*"[56], „*gelb*"[57], „*grau*"[58], „*purpur*"[59], „*grünem*"[60]) ist jedoch positiv konnotiert und im Düsteren beziehungsweise Hässlichen kann man auch wiederum das Schöne und Ästhetische sehen.

1.2 Gedichtvergleich

Wenn man die drei Gedichte vergleicht, wird deutlich, dass die Themen Liebe, Natur und Religiosität als zentrale Themen eine Rolle spielen. Allerdings handelt es sich gerade bei Eichendorff um eine Liebe, die durch Erinnerung und Traum erhalten bleibt. Vor dem inneren Auge entsteht eine artifizielle Natur.

Das „Mailied" ist ein klassisches Gedicht der Naturlyrik mit dem Frühling als Jahreszeit, während Eichendorffs Gedicht eher der Liebeslyrik angehört, da eine „unerfüllte Sehnsucht" vorhanden ist. Stefan George nimmt den Herbst als zentrales Motiv.

In religiöser Hinsicht spielt der Pantheismus bei Goethe eine zentrale Rolle, während der Romantiker eher auf das Christentum setzt – dem Mittelalter gleich.

Die Gedichte unterscheiden sich voneinander dadurch, dass bei Goethe der Tag mit der strahlenden Sonne eine Rolle spielt, während der Romantiker Eichendorff die wunderbare Nacht mit dem glänzenden Mond als Motiv nimmt.

Goethes lyrisches Ich scheint lebensbejahend zu sein. In Eichendorffs „Nachtzauber" ist die Todessehnsucht dagegen allgegenwärtig. George nimmt den Leser auf eine Reise, in der die Natur auf den ersten Blick „tot" aussieht – auf den zweiten Blick jedoch dann auch ihren Zauber offenbart.

Auch bei Goethe spielt eine gewisse Problematik des Künstlers und der Kunst eine Rolle, wobei dies in der Romantik aufgehoben wird, denn dort bilden Kunst, Musik und Malerei eine Einheit. Sehr schön kann man bei Eichendorffs Gedicht von einer Art „Gedankenlyrik"[61] sprechen, bei der Gedanken vor dem inneren Auge bildlich entstehen.

Eines haben alle drei Gedichte gemeinsam, dass sie die „Ratio" der Aufklärung überwinden. Gerade bei Goethe ist jedoch ein säkularisiertes Weltverständnis vorhanden, und das lyrische Ich macht Erfahrungen in der realen Welt – nicht im Unbewussten, mentalen Bereich, wie bei George und Eichendorff.

2 Legitimation und Didaktikanalyse

Die Auswahl der Gedichte ist dadurch begründet, dass jedes seinen eigenen ästhetischen Wert mit sich bringt. Außerdem gibt es innerhalb dieser Reihe „Naturlyrik" eine Progression. Damit ist eine Entwicklung innerhalb der Literaturgeschichte vom Sturm und Drang, über die Romantik, bis hin zur Moderne gemeint. Es werden Themen behandelt, die in gewisser Weise sicherlich auch die Schüler angehen und in Ihnen deshalb auch die Motivation wecken sollen. Das „Mailied" beispielsweise als klassisches Gedicht sollte in keiner Lyriksitzung fehlen und gehört zum Kanon der Gedichte, die man gelesen haben und kennen sollte. Interessant ist auch die Moderne und anhand des Gedichts von George kann man schön die Tendenz zu einer zweckfreien Kunst (*l'art pour l'art*) erkennen und die auffälligen stilistischen Merkmale werden den Schülern sicherlich in Erinnerung bleiben.

---

[56] Ebd., V. 4.
[57] Ebd., V. 5.
[58] Ebd.
[59] Ebd., V. 10.
[60] Ebd., V. 11.
[61] Vgl. Burdorf 1997.

Diese Unterrichtssequenz ist für die Klasse 10 gedacht, da in der Oberstufe die literaturgeschichtliche Betrachtung als „kognitive Herausforderung"[62] in den Mittelpunkt rückt.[63] Unter Kognitivierung versteht man das explizite Bewusstmachen sprachlicher Strukturen. Gerade die Epochenzyklen sollten jedoch nicht als Frontalunterricht durch den Lehrer vorgetragen werden, sondern integrativ den Schülern nahegebracht werden. Die Schüler sollten mit einem gewissen Vorwissen an die Thematik herangehen und selber denken lernen, um das Thema Naturlyrik zu verstehen.[64]

Gerade durch „komplexe Lernaufgaben"[65], die in dieser Unterrichtseinheit angewandt werden sollen, wird die Lernautonomie der Schüler gefördert. Der Lernprozess wird somit nicht frontal vom Lehrer gesteuert, sondern von den Schülern selbst. Wichtig ist es jedoch, dass Ziele und zu erlernende nachhaltige Kompetenzen klar und deutlich durch Aufgabenstellungen formuliert sind. Zu diesen Kompetenzen gehört auch, dass anfangs im Plenum diskutiert wird. Den Schülern erleichtert man das Lernen durch transparente Leistungsanforderungen, eine inhaltliche Klarheit, Methodenvielfalt, klare Strukturierung und durch individuelle Förderung.[66] Gerade an Gesamtschulen haben die Lehrer es mit einer starken „Heterogenität"[67] zu tun und müssen eine innere Differenzierung vornehmen. Unterschiedliche Begabungen, eine nicht immer vorhandene Leistungsbereitschaft, mal schnelles, mal langsames Lerntempo, Lerntypen, Interesse, Vorwissen und Geschlecht führen dazu. Eine Binnendifferenzierung nimmt der Lehrer also durch die Einteilung der Klasse als Gruppenpuzzle vor, in der das Thema Naturlyrik erarbeitet wird.

Es gibt verschiedene „Unterrichtskonzepte"[68], wie beispielsweise der **offene Unterricht**, der sich hier sehr gut eignet, denn Stationenarbeit und Projektarbeit sind bei den Schülern sehr beliebt. Sie können in diesem Fall nämlich selbst mitbestimmen. Der Lehrer kann auch für eine Woche bei der sogenannten „Wochenplanarbeit" zeitlich planen, was er in dieser Zeit im Unterricht durchgenommen haben möchte. **Freiarbeit** ist ebenfalls eine gute Methode, um das Lernverhalten an die Pluralität an individuellen Lerntypen in der Klasse zu adaptieren. Beim **kooperativen Lernen** können schwächere Schüler auch von den leistungsstärkeren etwas lernen.

Sogenannte **Eckengespräche** sind bei „Unterrichtseinstiegen"[69] von Vorteil, da man dort Themen, Meinungen und Zitate zu einem bestimmten Thema sammeln kann. Der Omniumkontakt wird hier zum Beispiel durch Rollenkarten, Steckbriefe oder Plakate zu den Dichtern und eine Art Museumsgang hergestellt, die dadurch auch die Bewegung im Klassenzimmer fördern. Vor allem bei der Unterstufe ist diese Methode sehr beliebt. Guter Unterricht zeichnet sich aber dadurch aus, dass die Umgebung schon vorbereitet ist.
Auch verschiedene Lesetechniken und Stile wie das **„kursorische Lesen"**[70] der Gedichte können in Betracht gezogen werden. Hier geht es darum, dass rasch und ohne auf das Detail zu achten, quergelesen wird und Schlüsselwörter unterstrichen werden.

Im Folgenden soll nun anhand der Unterrichtsequenz **Naturlyrik** eine „Progression"[71] dargestellt werden. Wichtig ist es dabei, dass man die Schüler dort abholt, wo sie gerade stehen und mit den Augen der Lernenden den Unterricht gestaltet, denn interessanter und kurzweiliger Unterricht ist die beste Prävention gegen Langeweile.

---

[62] Abraham et al., zitiert von Vormbaum (www.vormbaum.net).
[63] Vgl. www.vormbaum.net.
[64] Vgl. www.vormbaum.net.
[65] Caspari, Daniela: Aufgaben im kompetenzorientierten Fremdsprachenunterricht, in: Praxis Fremdsprachen Basisheft 4/2013: 5-8.
[66] Vgl. Zehn Merkmale guten Unterrichts (H. Meyer).
[67] Kraus, Alexander/ Nieweler, Andreas: Heterogenität und individuelle Förderung. Ein Plädoyer für mehr Mut.
[68] Fördern im Unterricht.
[69] Gehlen, Lukas: Unterrichtseinstiege, in: Der fremdsprachliche Unterricht Französisch 2013, S. 4-6.
[70] Thaler, Engelbert: Englisch unterrichten, S. 189-197.
[71] Vgl. www.vormbaum.net.

Als visuellen Unterrichtseinstieg könnte man einen **Bildimpuls** verwenden und die Schüler dadurch assoziativ anregen. Geeignet wären beispielsweise Bilder von Caspar David Friedrich („Der Wanderer über dem Nebelmeer") oder Francisco de Goya („Der Schlaf der Vernunft gebiert Ungeheuer"). Der Jugendstil, Dadaismus und Futurismus sind auch künstlerische Epochen, die nicht außer Acht in Bezug auf die Moderne gelassen werden dürfen.
Die kognitive Variante wäre das **Mindmap** oder die **Clusterbildung** mit Begriffen. Eine Vertonung von Franz Schubert, Chopin *(„Nocturne")*, Claude Debussy *(„Clair de lune")* oder Robert Schumann ist auch denkbar, um auf die Romantik einzustimmen. Dies könnte man als Erstreaktion im Spontangespräch nach der medialen Darbietung mit Erfahrungen der Schüler sehen. Gerade weil an vorhandenes Vorwissen angeknüpft wird, spricht man hier von „Assimilation"[72].

Als „pragmatisch-kreative Aufgabe"[73] bietet sich daraufhin ein Lückengedicht mit der Auslassung von Worten, Strophen oder Versen an. Diese Methode wird als induktives Lesen bezeichnet und in Einzelarbeit realisiert. In einem gelenkten Unterrichtsgespräch nach Beendigung der Aufgabe wird dann die Problemstellung der Unterrichtssequenz entwickelt.

Im dritten Schritt kommt es zur Erarbeitung und Formulierung der Ziele beziehungsweise Arbeitsorganisation: Der Aufteilung der Klasse in Gruppen. In einer freien Projektarbeit sollen Plakate zu den Epochen Romantik und Sturm und Drang/ Empfindsamkeit/ Genieperiode und Literarischen Moderne erstellt werden. Die Klasse benutzt dazu den Computerraum um zu recherchieren.

Weiterhin werden die Ergebnisse unter Benutzung verschiedener Medien, wie beispielsweise **Whiteboard, Powerpoint** in Gruppen präsentiert. Der Rest macht sich Notizen oder bekommt bestenfalls ein Handout. Als Hausaufgabe sollen die drei Gedichte interpretiert werden und in der nächsten Stunde von ein paar Schülern aus dem Heft vorgelesen werden.

Am Schluss kommt es dann zu einem Transfer in Form eines Gedichtvergleichs, der diskursiv im offenen Plenumgespräch mit vorherigem Tandemgespräch[74] eines Schülers/einer Schülerin, der/die das Thema Romantik, Moderne oder Sturm und Drang etc. bearbeitet hat. Der Rahmen zur Problemstellung des Anfangs sollte vorhanden sein und interdisziplinär über den Tellerrand des Faches Deutsch geschaut werden, um neue Erkenntnisse zu gewinnen (Akkomodation).

---

[72] Assimilation und Akkomodation: Piaget, zitiert von Vormbaum (www.vormbaum.net).
[73] Abraham et al., zitiert von Vormbaum (www.vormbaum.net).
[74] Siehe variierende Sozialformen.

3 Bibliografie

Werkausgaben:

- Eichendorff, Josef von: Gesammelte Werke. Der Gedichte erster Band, hrsg. v. Paul Ernst. Georg Müller. München und Leipzig 1909.
- George, Stefan: Gedichte. Auswahl und Vorwort von Ernst Klett Cotta's Bibliothek der Moderne. Ernst Klett. Stuttgart 1983.
- Goethe, Johann Wolfgang: Goethes Sämtliche Werke. Gedichte. Erster Band. Jubiläumsausgabe. Mit Einleitung und Anmerkungen von Eduard von der Hellen. J. G. Cotta'sche Buchhandlung Nachfolger. Stuttgart und Berlin.

Sekundärliteratur:

- Burdorf, Dieter: Einführung in die Gedichtanalyse. Verlag J. B. Metzler. Stuttgart/ Weimar 1997.
- Caspari, Daniela: Aufgaben im kompetenzorientierten Fremdsprachenunterricht, in: Praxis Fremdsprachen Basisheft 4/2013.
- Gehlen, Lukas: Unterrichtseinstiege, in: Der fremdsprachliche Unterricht Französisch 2013.
- Kraus, Alexander/ Nieweler, Andreas: Heterogenität und individuelle Förderung. Ein Plädoyer für mehr Mut. (vgl. Fachdidaktik I Französisch (Liliana Hahn))
- Nieweler, Andreas (Hrsg.): Fachdidaktik Französisch. Tradition. Innovation. Praxis. Ernst Klett Sprachen. Stuttgart 2006.
- Thaler, Engelbert: Englisch unterrichten. (vgl. Fachdidaktik I Französisch (Liliana Hahn))
- Wucherpfennig, Wolf: Geschichte der deutschen Literatur. Von den Anfängen bis zur Gegenwart. Ernst Klett Schulbuchverlag. Leipzig 2009.

Internetquellen:

www.vormbaum.net.

BEI GRIN MACHT SICH IHR WISSEN BEZAHLT

- Wir veröffentlichen Ihre Hausarbeit, Bachelor- und Masterarbeit

- Ihr eigenes eBook und Buch - weltweit in allen wichtigen Shops

- Verdienen Sie an jedem Verkauf

Jetzt bei www.GRIN.com hochladen und kostenlos publizieren